RÉPONSE

A LA

PROTESTATION DES EXÉCUTEURS TESTAMENTAIRES

DU FEU ROI LOUIS-PHILIPPE

CONTRE

LE DÉCRET DU 22 JANVIER.

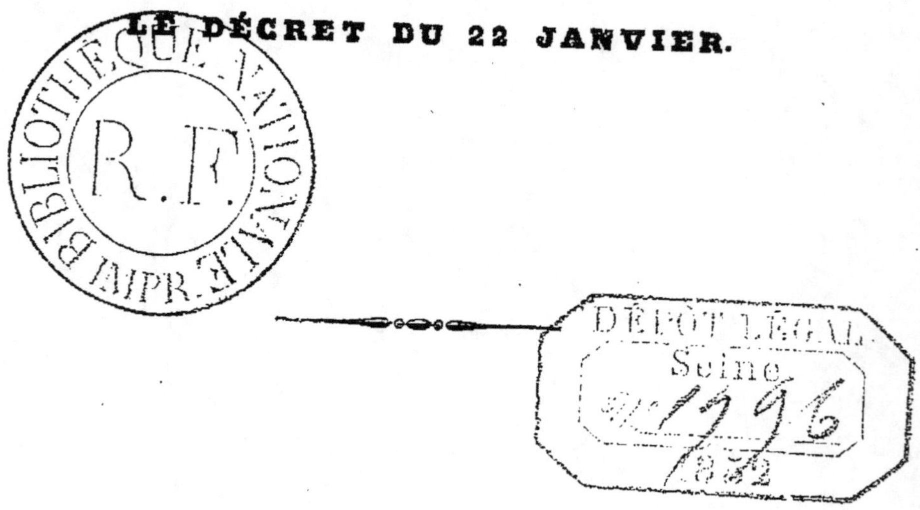

PARIS

IMPRIMERIE CENTRALE DE NAPOLÉON CHAIX ET Cie

RUE BÉRGÈRE, N° 20.

1852

RÉPONSE

A LA

PROTESTATION DES EXÉCUTEURS TESTAMENTAIRES

DU FEU ROI LOUIS-PHILIPPE

CONTRE

LE DÉCRET DU 22 JANVIER.

Une protestation a été adressée au ministre d'État contre le décret du 22 janvier par les exécuteurs testamentaires du feu roi Louis-Philippe.

Il est surprenant que des magistrats éminents, des jurisconsultes graves parlent de faire apprécier par les tribunaux la validité d'un acte du chef de l'Etat, agissant dans la plénitude de sa puissance législative.

Pour empêcher l'opinion publique de se méprendre sur la légalité d'un décret que de hautes considérations politiques motivaient suffisamment, il convient de présenter un simple exposé des faits.

D'abord sur l'origine, la suppression et la reconstitution de l'apanage de la maison d'Orléans ;

Ensuite sur l'objet et le caractère de la donation du 7 août, dont le décret du 22 janvier a prononcé l'annulation.

A la suite de cet exposé, on démontrera que le décret attaqué se justifie par un principe de droit public incontestable, et par une grande nécessité politique.

PREMIÈRE PARTIE.

§ I.

L'apanage de la maison d'Orléans fut créé en faveur du bisaïeul du feu roi Louis-Philippe par un édit du mois de mars 1661, une déclaration du roi du 24 avril 1672 et des lettres patentes du mois de février 1692.

Cet apanage comprenait les duchés d'Orléans, Valois et Chartres, et les seigneuries de Montargis; les duchés de Nemours, les comtés de Dourdan et Romorantin; les marquisats de Coucy et de Folenbray, enfin le Palais-Royal.

Depuis la constitution de cet apanage sur la tête de Philippe d'Orléans, frère de Louis XIV, le patrimoine de cette famille s'était accru d'un grand nombre d'immeubles importants par donations, successions ou acquisitions.

La loi du 6 avril 1791 supprima tous les apanages et ordonna la réunion au domaine de l'État de tous les biens dont ils se composaient.

Quelques mois après, par les décrets des 23—28 octobre et 5 novembre, l'Assemblée nationale déclarait qu'elle entendait par biens nationaux : 1° tous les biens du domaine de la couronne ; 2° *tous les biens des apanages.*

Ces actes du gouvernement n'avaient rien de commun avec la mesure de la confiscation appliquée plus tard aux biens des émigrés. C'était la réintégration au domaine de l'Etat, par une disposition législative, des biens qui en avaient été anciennement détachés en faveur des princes de la famille régnante.

Ainsi, lors de son retour en France, la maison d'Orléans se

trouvait définitivement et légalement dépouillée des biens qui constituaient son apanage, et qui étaient réunis, depuis plus de vingt ans, d'une manière *définitive et irrévocable*, au domaine de l'Etat.

Cependant, par une faveur spéciale et quoique la Restauration ne rendît aux émigrés que leurs biens patrimoniaux invendus, trois ordonnances de Louis XVIII sous les dates des 18 et 20 mai et du 7 octobre 1814, mirent le duc d'Orléans en possession d'immeubles d'une valeur considérable, comprenant notamment 57,000 hectares de forêts, détachées du domaine de l'Etat. L'héritier de Philippe d'Orléans les recevait au même titre que son père en avait lui-même joui ; et pourtant il ne faut pas oublier que Philippe-Egalité, lorsqu'il périt sur l'échafaud en 1793, avait laissé 74 millions de dettes ; que, par un concordat du 6 janvier 1792, il avait abandonné ses biens à ses créanciers. Ces biens furent mis aux enchères, l'Etat les racheta en partie et paya les dettes jusqu'à concurrence de 37,740,000 fr. Dès lors, comme le dit M. Capefigue, cité par MM. Delasalle et Laroque dans une récente brochure intitulée : *Documents authentiques sur les biens de la famille d'Orléans* : « Quand les Bour-
» bons rentrèrent en France, Louis XVIII non seulement paya
» toutes les dettes que M. le duc d'Orléans avait contractées en
» exil, mais il lui rendit toute la fortune de son père. Ce fut, de
» la part des Bourbons, un bienfait purement gratuit, car Phi-
» lippe-Égalité, accablé de dettes, avait, par un honteux bilan,
» abandonné à ses créanciers tous ses biens, que le gouverne-
» ment avait rachetés en payant ses dettes. »

Une nouvelle ordonnance compléta la donation en remettant à Louis-Philippe tous les biens qui avaient appartenu à son père, même ceux qui restaient comme gage des créanciers non payés, et contre lesquels on invoqua la prescription, de manière que tout fût bien liquidé et dégagé de toute opposition. (Michaud, *Biographie de Louis-Philippe*, page 135.)

Plus tard, nous aurons à faire un rapprochement entre ces ordonnances royales et le décret récent émané du prince Président de la République.

§ II.

Le 7 août 1830, les deux chambres législatives avaient déclaré Louis-Philippe *roi des Français*, sous la condition de prêter serment à la Charte, qui, comme on le sait, n'était, sauf quelques légères modifications, que la reproduction de celle octroyée par Louis XVIII.

Cette condition fut remplie dès le surlendemain 9 août.

Que s'était-il passé dans l'intervalle ?

Par un acte portant la date du 7 août, Louis-Philippe fit, avec réserve d'usufruit à son profit, une donation entre vifs de ses biens, en faveur de tous ses enfants, *à l'exception de l'aîné.*

Les revenus des immeubles qui sont l'objet de la disposition s'y trouvent indiqués, pour la fixation du droit d'enregistrement, à une somme de 1,335,625 fr., somme inférieure aux revenus réels et qui, fût-elle exacte, supposerait toujours une valeur de plus de 60 millions.

La donation comprend de plus, en créances actives et actions sur les canaux, une somme de 6 à 7 millions, sans parler d'une répétition éventuelle et indéterminée quant à son chiffre, pour augmentations et améliorations faites à l'apanage.

Le caractère et le but de cet acte apparaissent d'abord, même aux yeux les moins prévenus.

Commençons par poser en fait ce qui va être bientôt déterminé : *Que, d'après les principes de notre droit public, ancien et nouveau, les biens du prince appelé à la couronne deviennent à l'instant même partie intégrante du domaine de l'Etat.*

S'il en est ainsi, il est manifeste pour tous que le 9 août, le roi Louis-Philippe n'aurait pu faire *légalement* la donation de ses biens à ses enfants, puisqu'il aurait disposé de ce qui ne lui appartenait plus.

Or, ce qu'il lui était interdit de faire le 9 août, aurait-il pu le faire *légalement* et *loyalement* le 7 du même mois ?

« Oui, disent les signataires de cette protestation, parce qu'à cette époque, bien que déclaré roi des Français par les deux Chambres, Louis-Philippe n'était, jusqu'à son acceptation de la couronne, qu'un simple prince français.

» Oui, disent-ils encore, parce que la donation du 7 août ne constatait qu'une chose, la volonté bien arrêtée du prince qui allait monter sur le trône, de maintenir la propriété de son domaine privé dans les mains de sa famille ; *et c'était assurément une condition qu'il avait le droit de stipuler le 7 août.* »

Aux honorables jurisconsultes qui figurent parmi les signataires de la protestation, nous rappellerons ce principe de droit, que la condition apposée à un contrat, lorsqu'elle s'est accomplie, rétroagit au jour même de ce contrat ; qu'ainsi Louis-Philippe, proclamé roi le 7 août, l'était dès cette époque, par cela seul qu'il avait rempli immédiatement la simple condition du serment que les Chambres lui avaient imposée.

Sans doute, comme on l'a dit, l'intention du prince *qui allait monter sur le trône,* était de conserver la propriété de ses biens à sa famille ; mais c'est précisément cette intention qui constituait une infraction manifeste à une loi d'ordre public ; et, comme nous le lisons dans le décret du 22 janvier, la frande concertée en vue d'un fait certain et qui doit immédiatement se réaliser, n'est pas moins répréhensible que celle qui a eu lieu à la suite d'un fait accompli.

Quoi ! Louis-Philippe, *monté sur le trône,* aurait fait un acte illégal et abusif en donnant à ses enfants des biens qui s'incorporaient au domaine de l'Etat ; et *lorsqu'il allait y monter,* on oserait prétendre qu'un tel acte est valable ! La loyauté et la bonne foi repoussent de telles arguties.

D'ailleurs, Louis-Philippe était roi dès le 7 août.

M. Laffitte, président de la Chambre des députés, suivi de tous ses collègues, se rendit, ce jour-là, à 5 heures du soir, auprès du duc d'Orléans, lieutenant-général du royaume, pour lui présenter la déclaration qui venait d'être votée par la Chambre.

Le prince répondit en ces termes à l'allocution de l'honorable président :

« Je reçois avec une profonde émotion la déclaration que vous me présentez ; je la regarde comme l'expression de la volonté nationale.

» Je ne puis vous cacher tous les sentiments qui agitent mon cœur dans cette grave conjoncture ; mais il en est un qui les domine tous, c'est l'amour de mon pays : *je sais ce qu'il me prescrit, et je le ferai.* »

Quelques moments après, il adressait au président de la Chambre des pairs un discours terminé par la phrase suivante :

« *Vous m'imposez une grande tâche ; je m'efforcerai de m'en montrer digne.* »

Ainsi, dès le 7 août, la proposition, faite d'une part, était acceptée de l'autre ; le contrat entre le prince et la nation était formé. Il ne s'agissait plus que d'une formalité à remplir : la prestation du serment à la Charte que les grands corps de l'État avaient présentée au nouveau roi.

La donation du 7 août serait-elle, comme on le prétend, une condition apposée par Louis-Philippe à son acceptation à la couronne ? Pour qu'il en fût ainsi, du moins, faudrait-il que cette prétendue condition eût été connue de ceux à qui on voulait l'imposer.

Or, on sait que la donation du 7 août était restée secrète, ainsi qu'on peut s'en convaincre, en vérifiant soit le *Moniteur*, soit les autres journaux dans l'intervalle du 8 au 11 août 1830 ; l'existence de cet acte ne fut révélée que beaucoup plus tard, à l'occasion des difficultés auxquelles son enregistrement donna lieu.

Si Louis-Philippe avait dit aux Chambres : « J'ai fait donation de mes biens à mes enfants ; je ne consens à monter sur le trône qu'à condition que vous reconnaîtrez vous-même la validité de cet acte ; » — alors, sans doute, on serait fondé à soutenir que le maintien de la donation du 7 août était une condition de l'acceptation de la couronne ; mais il ne saurait en être ainsi, lorsqu'il s'agit d'un acte ignoré de tous et évidemment fait en fraude d'une loi d'ordre public.

Il suffit d'ailleurs d'examiner cette donation pour être convaincu qu'elle a été faite par Louis-Philippe, non comme *prince*, mais comme *roi des Français*, ce qui repousse invinciblement l'objection tirée de ce que cette dernière qualité ne lui appartenait pas encore le 7 août.

Pourquoi, en effet, le duc d'Orléans ne figure-t-il pas au nombre des donataires?

Ceux qui n'ont pas approuvé la politique du feu roi Louis-Philippe doivent lui rendre cette justice qu'il avait éminemment l'esprit de famille. On sait d'ailleurs que, dans les maisons princières, les fils aînés sont toujours avantagés. Pourquoi dès lors le duc d'Orléans ne reçoit-il pas la moindre part des biens distribués à tous ses autres frères et sœurs? Pourquoi n'est-il pas même nommé dans l'acte?

C'est précisément parce que le donateur n'agissait pas comme *père*, mais comme *roi;* et qu'en abandonnant sa fortune à ses autres enfants, il n'avait pas eu besoin de s'occuper de son fils aîné qui devait lui succéder sur le trône, et qu'il voyait d'avance soumis à cette même loi qu'il éludait, et par quels moyens ?

Jamais peut-être il n'exista d'exemple d'une précipitation semblable à celle qu'on fut obligé d'employer pour accomplir toutes les formalités indispensables à la régularité matérielle de l'acte.

Tous les princes et princesses au profit desquels la donation devait être faite étant mineurs, il fallait nommer un tuteur spécial qui l'acceptât pour eux.

Le jour même de la donation, un conseil de famille est convoqué devant le juge de paix du 2ᵉ arrondissement ; M. de Bréval, secrétaire des commandements du prince, est nommé tuteur ; la délibération rédigée, expédiée et enregistrée, parce qu'il fallait la mentionner dans la donation.

Cette donation comprend, sous vingt et un articles différents, l'énonciation détaillée de tous les immeubles, les actions dans les canaux et des créances importantes composant la fortune de Louis-Philippe, avec l'indication de leurs revenus pour les objets qui en étaient susceptibles.

La rédaction d'un acte aussi important aurait exigé plusieurs jours, dans des circonstances ordinaires ; mais il y avait urgence : aussi la donation est-elle immédiatement consentie et acceptée.

Un délai de dix jours est accordé pour l'enregistrement des actes notariés ; mais celui-ci devait avoir nécessairement une date certaine au moment même de sa confection : aussi, quoique la formalité de l'enregistrement exigeât plusieurs heures (trois folios du registre y sont consacrés), elle fut remplie le même jour, 7 août.

On n'acquitte pas d'abord les droits ; l'enregistrement ne pouvait avoir lieu qu'en débet ; le receveur avait besoin d'une autorisation. *Le même jour, 7 août,* le commissaire au département des finances prend à ce sujet une décision que le directeur général de l'enregistrement transmet aussitôt au préposé chargé d'enregistrer la donation.

Pourquoi cette étrange précipitation ?

Parce que, dans la pensée de Louis-Philippe, *le samedi 7 août* était le seul jour utile pour accomplir tous les actes nécessaires à la régularité de la donation, le lendemain étant un jour férié.

La veille, c'était *trop tôt,* puisque les chambres n'avaient pas encore déféré la couronne à Louis-Philippe, et qu'il ne voulait se dessaisir de toute sa fortune au détriment de son fils aîné, qu'avec la certitude d'être roi.

Le lundi, c'eût été *trop tard,* parce qu'il ne pouvait différer son acceptation « solennelle, » qui avait pour résultat immédiat et nécessaire de réunir son patrimoine au domaine de l'État.

La fraude à la loi, qui se manifeste aux yeux de tous, ne pouvait donc être consommée que le jour même où on a fait la donation et les divers actes qui s'y rattachent.

§ III.

Le décret du 22 janvier invoque plusieurs documents historiques pour prouver que, d'après le droit public ancien et nouveau de la France, tous les biens qui appartenaient au prince, lors de son avènement au trône, étaient de plein droit incorporés et réunis, à perpétuité, au domaine de l'État.

Nous devons compléter par quelques citations la démonstration de cette proposition, qui sert de base au décret.

Par des lettres patentes du mois de septembre 1509, Louis XII déclara qu'il n'entendait pas que les comtés et seigneuries de Blois, Dunois et autres fussent confondues avec le domaine royal et public. Le parlement de Paris trouva ces lettres patentes contraires aux principes, et elles ne furent jamais exécutées.

Voici ce que dit Henri IV dans le préambule de son édit du mois de juillet 1607 cité dans le décret du prince-président :

« Nos prédécesseurs se sont dédiés et consacrés au public *duquel, ne voulant avoir rien de distinct et séparé*, ils ont contracté avec leur couronne une espèce de mariage, communément appelé *saint et politique*, par lequel ils l'ont dotée de toutes les seigneuries qui, à titre particulier, leur pouvaient appartenir. »

On lit dans son dispositif : « Avons révoqué et révoquons par notre présent édit perpétuel et irrévocable nos lettres patentes du 13 avril 1590 ; et en tant que de besoin serait, avons confirmé et confirmons l'arrêt de notre Cour de Parlement de Paris du 29 juillet 1591 ; et ce faisant avons déclaré et déclarons les duchés, comtés et autres seigneuries mouvantes de notre couronne ou des parts et portions de son domaine *tellement accrues et réunies à icelui, que dès-lors de notre avènement à la couronne de France, elles sont devenues de même nature et condition que le reste de l'ancien domaine d'icelle.* »

Tous les jurisconsultes ont reconnu le principe si solennellement proclamé dans l'édit d'Henri IV. Nous nous bornerons à citer l'auteur du *Traité historique des droits des souverains* (François de Paule Lagarde), qui s'exprime ainsi, vol. II, p. 27 :

« L'ordonnance de 1566 admet ou plutôt confirme l'existence de deux domaines en France.

» Le premier est le domaine *public* ou *royal*, expressément consacré, uni et incorporé à la couronne, qui est inaliénable, auquel accroissent *de plein droit*, en certaines occasions, savoir :

» *Les terres et seigneuries que les princes possèdent lorsqu'ils arrivent à la couronne.*

» Le second est le domaine *privé*, composé des terres et seigneuries qui adviennent au roi régnant, non-seulement à cause de son usufruit, mais encore par acquisition, donation et autres titres particuliers. »

Les anciennes traditions de notre droit public avaient conservé toute leur autorité sous l'empire des lois de 1790 et 1791.

Voici comment s'exprimait M. Enjubault, rapporteur de la loi du 13 août 1790 :

« Nous avons tous reconnu que la nation *réunissait irrévocablement à son domaine le patrimoine de ses rois.* »

L'article 2 de ce décret est ainsi conçu :

« Les propriétés foncières du prince qui parvient au trône, et celles qu'il acquiert pendant son règne, à quelque titre que ce soit, sauf la seule exception exprimée en l'article suivant, *sont, de plein droit, unies et incorporées au domaine de la couronne, et l'effet de cette réunion est perpétuel et irrévocable.* »

L'article 6 du décret du 22 novembre — 1er décembre 1790 dispose d'une manière non moins formelle; avec cette différence toutefois, que ce n'est pas *au domaine de la couronne,* mais au domaine de la *nation* que la dévolution a lieu; et que cette dévolution s'applique non-seulement aux *propriétés foncières,* mais à tous les *biens particuliers* du prince appelé au trône.

Prétendrait-on que ces dispositions législatives ont cessé d'être applicables lors de la reconstitution de la monarchie, en 1814 ?

Loin de là, elles ont reçu à cette époque une consécration nouvelle.

Voici, en effet, ce que porte l'article 20 de la loi du 8 novembre 1814 :

« Les biens particuliers du prince qui parvient au trône sont *de plein droit et à l'instant même* réunis au domaine de l'État, et *l'effet de cette réunion est perpétuel et irrévocable.* »

Après son avènement au trône, Charles X fit de nouveau appliquer le principe de dévolution dans la loi du 17 janvier 1825 relative à la fixation de la liste civile :

« Les biens acquis par le feu roi (est-il dit dans l'art. 1er), et dont il n'a pas disposé, ainsi que les écuries d'Artois, faubourg du Roule, provenant des biens particuliers du roi régnant, sont réunis à la dotation de la couronne. »

Cette disposition a cela de remarquable qu'elle comprend les biens acquis par Louis XVIII pendant son règne, et dont son frère avait dû hériter, d'après l'ordre légal des successions, ainsi que les biens particuliers que ce dernier possédait lorsqu'il parvint au trône. Ce qui est l'application la plus large du principe de la dévolution.

En présence de textes législatifs aussi formels, on pourrait se dispenser sans doute d'invoquer d'autres autorités.

Il n'est pourtant pas sans intérêt de citer ici un passage de l'ouvrage publié, en 1827 par M. Dupin (*Des Apanages, et, en particulier, de l'Apanage de la maison d'Orléans*), page 207 :

« Les apanages n'étant accordés qu'aux fils et frères du roi, et transmissibles seulement à leurs descendants mâles, il est évident que les titulaires de l'apanage sont en ligne de succéder à la couronne, si, par le droit de tous ceux qui les précèdent dans l'ordre de la légitimité, ils se trouvent appelés, en vertu de ce même ordre, à succéder au trône.

Dans ce cas, comme il est de principe *que tous les biens que le roi possède au jour de son avènement sont réunis au domaine de la couronne*, de plein droit et par le seul fait de l'avènement qui s'opère, en vertu de la loi fondamentale de l'Etat, il n'y a plus d'apanages, et les biens dont ils se composent ne peuvent plus être distingués des autres domaines de l'Etat. »

Ainsi, aucune distinction, quant à l'effet de cette dévolution légale, n'est établie entre les biens apanagés et ceux que possède, à un autre titre quelconque, le prince appelé au trône.

Il convient de faire remarquer que l'ouvrage de M. Dupin a été publié sous la Charte de 1814; si bien que, dans l'opinion de l'éminent jurisconsulte, la loi fondamentale de l'Etat, d'après laquelle les biens du prince appelé au trône se **confondaient** de plein droit avec le domaine de l'Etat, *conservait* encore toute son autorité en 1827.

Toutefois, on lit dans la protestation dont M. Dupin est l'un des signataires :

« Le second décret du 22 janvier 1852 invoque le principe ancien de la dévolution à l'Etat des biens privés du prince qui montait sur le trône. Nous pourrions examiner historiquement ce principe ; nous pourrions montrer que dans l'ancien droit lui-même, *il n'était considéré que comme une émanation de la féodalité*, alors qu'il n'y avait pas de domaine de l'Etat distinct du domaine de la couronne. »

Sans doute, le système de la féodalité n'existait plus en France depuis longtemps lorsque M. Dupin publia son ouvrage ; et cependant il y professe lui-même, comme jurisconsulte, le principe qu'en qualité d'exécuteur testamentaire du feu roi Louis-Philippe, il reproche au décret du 22 janvier d'avoir appliqué.

Aucun acte de l'autorité législative n'avait abrogé ce principe de droit public, cette loi fondamentale de l'Etat, ainsi que la qualifie M. Dupin, ce mariage *saint et politique*, pour rappeler l'expression pittoresque de l'édit d'Henri IV, que les rois contractent avec leur couronne.

Dès-lors, s'il est démontré (et à cet égard l'exposé des faits et le simple rapprochement des dates ne peuvent laisser aucun doute) que c'est pour se soustraire à l'application de cette règle de notre droit public, pour empêcher la réunion de ses biens au domaine de l'Etat, que le feu roi Louis-Philippe en fait la donation à ses enfants au moment où la royauté venait de lui être déférée par les deux Chambres, nul n'hésitera à déclarer que cet acte est nul, comme fait en fraude de la loi et au détriment du domaine de l'Etat.

Comme dernière citation de doctrine et de jurisprudence, convient de reproduire textuellement l'arrêt rendu par la Cou. de cassation, le 30 janvier 1822, dans l'affaire du chevalier Desgraviers contre l'intendant général de la liste civile.

Cet arrêté doit avoir d'autant plus d'autorité pour les exécuteurs testamentaires du feu roi Louis-Philippe que parmi eux figurent les deux jurisconsultes distingués qui avaient prêté l'appui de leur talent à M. Desgraviers devant la Cour royale et la Cour de cassation (MM. Dupin et Scribe).

« La Cour, vu l'art. 20 de la loi du 8 novembre 1814 ; attendu que c'est un ancien et irrévocable principe de droit public qu'à l'instant même de l'avènement du roi au trône, *tous les biens qu'il possédait auparavant sont, de plein droit, réunis et incorporés au domaine de l'État d'une manière perpétuelle et irrévocable;*

» Attendu que l'art. 20 de la loi du 8 novembre 1814 n'a fait que renouveler et consacrer de plus fort ce principe fondamental de la monarchie et conservateur du domaine ;

» Attendu que cette disposition de la loi opérant une dévolution entière et forcée de tous les droits actifs et passifs de la personne du roi en faveur de l'État, l'effet nécessaire et légal de ce dessaisissement absolu est d'affranchir le roi de toutes les actions qu'on avait pu avoir contre lui avant son avènement au trône, et de rendre ses créanciers créanciers de l'Etat ; et qu'en jugeant au contraire que, malgré cette dévolution générale, l'obligation personnelle du prince survivait à cet avènement et n'avait pas été éteinte par la succession de l'État à l'universalité des biens, l'arrêt de la Cour royale de Paris a formellement violé l'article précité de la loi du 8 novembre 1814, CASSE et annule l'arrêt de la Cour royale de Paris. »

Les défenseurs du chevalier Desgraviers avaient soutenu qu'il s'agissait ici moins d'une disposition légale que d'une sorte de tradition de l'ancienne monarchie dont l'arrêt de la Cour royale avait pu s'écarter sans encourir la cassation ; ils prétendaient que, dans tous les cas, le principe de la dévolution n'entraînait pas nécessairement l'extinction des engagements antérieurement contractés par le prince.

La Cour suprême a consacré, de la manière la plus explicite, les deux propositions contraires et fourni un nouvel argument décisif pour démontrer la nullité de la donation du 7 août.

En effet, si, au moment où il va monter sur le trône, le prince pouvait valablement disposer de ses biens, il en résulterait que l'État se trouverait grevé de son passif sans recueillir l'actif destiné à y faire face, ce qui serait une véritable monstruosité.

Que conclure des autorités qui viennent d'être invoquées ?

C'est que tous les biens apanagers de la maison d'Orléans anciennement distraits des domaines ont dû y rentrer de plein droit, et y sont rentrés en effet lorsque le chef de cette maison a été appelé au trône ;

Et que tous les autres biens qui composaient le patrimoine du prince devenu roi sont devenus aussi, à l'instant même de son avènement, les biens de l'État, de telle sorte que la disposition qui a été abusivement faite le 7 août 1830 est illégale et nulle.

§ IV.

Il ne reste plus qu'à apprécier les objections consignées dans la protestation de MM. les exécuteurs testamentaires du feu roi Louis-Philippe.

La plus grave en apparence, celle sur laquelle insistent particulièrement les signataires de la protestation, est ainsi formulée :

« L'ancien droit monarchique ne saurait être sérieusement invoqué contre le prince qui recevait la couronne, non pas conformément, mais contrairement à cet ancien droit. Le roi Louis-Philippe a occupé le trône après Charles X ; il n'a pas été son successeur et son héritier ; les lois de l'ancienne monarchie ne pouvaient s'appliquer à une monarchie nouvelle, à une liste civile nouvelle, à une constitution nouvelle, devant amener des conséquences nouvelles dans les lois comme dans le régime et dans l'avenir du pays. Ainsi, en abandonnant ainsi à *ses enfants*, le 7 août 1830, leur patrimoine héréditaire, le prince ne faisait aucune fraude à une loi qui ne lui était pas applicable. Le droit et les faits suffisent à repousser cette tache que les considérants du décret infligent à sa mémoire.

» En l'absence même de toute donation, le principe ancien de la dévolution des biens était une lettre morte ; mais, à plus forte raison, quand telle avait été la condition sous laquelle le duc d'Orléans avait accepté la couronne en 1830. »

Dans ce passage, que nous avons cru devoir reproduire textuellement, il y a deux assertions que nous avons déjà complétement réfutées, et sur lesquelles il est dès lors inutile de revenir : la première, que la bonne foi et la loyauté avaient présidé à la donation du 7 août; la seconde, que cette donation était la condition sous laquelle le duc d'Orléans avait accepté la couronne.

Arrivons donc à cette objection capitale : *que l'ancien droit monarchique sur la dévolution ne pouvait être appliqué, en 1830, à la nouvelle monarchie instituée dans la personne de Louis-Philippe.*

Quand on veut faire admettre une proposition, il ne suffit pas de l'affirmer, il faut aussi la démontrer : or, nous ne voyons, dans ce passage, qu'une affirmation accompagnée d'antithèses et d'un certain luxe de style.

Ne pouvant discuter une assertion présentée, cependant, avec tant d'assurance, bornons-nous à indiquer les considérations qui nous paraissent propres à justifier l'assertion diamétralement opposée : que le principe ancien de la dévolution devait s'appliquer à la monarchie fondée en 1830.

Que parle-t-on d'*ancien droit monarchique?* Faut-il donc, pour en constater l'existence, remonter à plusieurs siècles?

Quand le rapporteur de la loi du 13 août 1790 s'exprimait ainsi : « Nous avons tous reconnu que la nation *réunissait irrévocablement* à son domaine le patrimoine de ses rois; »

Quand on lit dans le préambule du décret du 29 novembre—1er décembre 1790 : « Que les pertes du domaine public appartenant à la nation avaient été réparées *par la réunion des biens particuliers des princes qui ont successivement occupé le trône;* »

Quand ce décret, ainsi que celui du 9 mai précédent, déclare que « par l'avènement du roi au trône, les biens qu'il possédait auparavant sont, de plein droit, unis et incorporés au domaine de l'État d'une manière perpétuelle et irrévocable ; »

Quand les lois du 8 novembre 1814 et du 15 janvier 1825 consacrent le même principe en termes non moins formels ;

Quand la Cour de cassation, dans l'arrêt Desgraviers, le proclame comme un ancien et inviolable principe de droit public, comme un principe fondamenial de la monarchie et conservateur du domaine ;

Enfin, quand l'auteur du *Traité des Apanages* écrivait, en 1827, « QU'IL EST DE PRINCIPE que tous les biens que le roi possède au jour de son avènement soient réunis, de plein droit, au domaine de la couronne ; »

Assurément, la monarchie, reconstituée sur la tête de Louis XVIII, après une interruption de plus de vingt ans, n'était plus la monarchie de Louis XIV ; et cependant le principe de la dévolution n'en avait pas moins conservé toute sa force.

Qu'importe, au surplus, pour la solution de la question, que Louis-Philippe, qui est monté sur le trône après Charles X, n'ait pas été son *successeur et son héritier;* qu'il ait porté la couronne non pas de droit héréditaire, mais parce qu'elle lui aurait été déférée par les deux Chambres?

Quoi! parce qu'une grande révolution politique aurait enlevé le sceptre à la branche aînée des Bourbons pour le faire passer au chef de la branche cadette; parce que Louis-Philippe, *roi des Français,* aurait remplacé sur le trône Charles X, *roi de France et de Navarre,* ce mariage *saint et politique* qui unit le prince à la nation dont il est le chef, aurait cessé d'exister !

La volonté de la nation, manifestée par ses représentants légaux, n'aurait-elle pu faire passer la royauté sur la tête de Louis-Philippe avec ses droits et ses charges, comme l'aurait pu faire la mort de deux princes qui le précédaient dans l'ordre de successibilité? Ou bien établirait-on, en sa faveur, cette étrange distinction, que le nouveau roi aurait recueilli les bénéfices de la couronne en répudiant ses devoirs?

Un tel système ne saurait être soutenu par ceux qui prétendent défendre la mémoire de Louis-Philippe.

Enfin, la Charte de 1830 avait consacré l'hérédité du trône dans la descendance du chef de la maison d'Orléans, comme la Charte de 1814 l'avait elle-même consacrée en faveur des princes de la branche aînée ; et dès lors il n'y aurait aucun motif pour ne pas appliquer également aux deux époques le principe de la dévolution au domaine de l'Etat des biens du prince appelé à la couronne.

C'en est assez pour repousser une objection qu'on n'a pas même essayé de justifier.

La dernière objection formulée dans la protestation des exécuteurs testamentaires est puisée dans la loi du 2 mars 1832, dont l'article 22 est ainsi conçu :

« Le roi conservera la propriété des biens qui lui appartenaient avant son avènement au trône : ces biens et ceux qu'il acquerra, à titre gratuit ou onéreux pendant son règne, composeront son domaine privé. »

Le décret du 22 janvier a énoncé un fait que l'histoire contemporaine ne manquera pas de confirmer, en disant que cette loi était le déplorable résultat d'influences personnelles.

On sait, en effet, d'une part, qu'à la séance du 15 décembre 1830, M. Laffitte, président du conseil, avait présenté un projet de loi qui, sous le titre de domaine privé, conservait au roi l'usufruit des biens dont il avait disposé antérieurement à son avènement au trône, et lui réservait la pleine propriété des biens qu'il pourrait acquérir pendant la durée de son règne.

Le nouveau projet, qui est devenu la loi du 2 mars 1832, fut présenté par M. Casimir Périer, dans la session de 1831.

Les rapporteurs dans les deux chambres furent M. de Schonen et le comte Mollien ; M. Dupin fut l'un des députés qui prirent la part la plus active à la discussion ; et c'est à cette occasion que M. de Cormenin publia ses *Lettres sur la Liste civile*, dans lesquelles il signale avec tant de verve l'empressement de certains hommes à prodiguer au roi bourgeois les millions si laborieusement prélevés sur le peuple.

C'en est assez sur l'esprit qui a présidé à la rédaction de cette loi.

Arrivons aux conséquences que l'on voudrait en faire résulter :

« Cette loi (est-il dit dans la protestation) s'est bornée à reconnaître que les principes du droit public invoqués dans le décret du 22 janvier n'étaient pas applicables à la position toute spéciale du duc d'Orléans, et qu'à aucun moment il n'y avait eu dévolution à l'Etat des biens de la donation. La loi du 2 mars 1832 a été déclarative du droit préexistant, comme l'eût été un jugement qui serait intervenu sur une prétention analogue du domaine de l'Etat. »

Non, une loi ne saurait être ni une consultation sur les principes applicables à telle ou telle époque, ni un jugement portant reconnaissance d'un droit préexistant. L'avenir est seul dans le domaine de la loi, et elle ne saurait avoir d'effet rétroactif pour annuler un acte valable, ni pour valider un acte nul à l'époque où il a été fait.

Le 15 décembre 1830, M. Laffitte, président du conseil des ministres, présenta à la Chambre un projet de loi qui conservait au roi, sous le titre de domaine privé, l'usufruit *des biens dont il avait disposé antérieurement à son avènement* au trône, et lui réservait la pleine propriété des biens qu'il pourrait acquérir pendant la durée de son règne.

On se demande d'abord pourquoi Louis-Philippe voulait se faire assurer *législativement* un usufruit qu'il s'était réservé par la donation du 7 août.

Il y avait peut-être alors quelque imprudence à faire porter la discussion sur la validité de cette donation, lorsque, d'une part, il n'y avait eu aucune modification au principe constant de dévolution des biens personnels des princes appelés à la couronne ; et que, d'autre part, on ne connaissait pas les dispositions plus ou moins bienveillantes de la Chambre. Aussi le projet de loi présenté par M. Laffitte fut-il abandonné.

Environ treize mois après, le nouveau président du conseil, M. Casimir Périer présenta un projet, devenu la loi du 2 mars 1832, et dont l'art. 2 est ainsi conçu :

« Le roi conservera la propriété des biens qui lui apparte-
» naient avant son avènement au trône ; ces biens et ceux qu'il
» acquerra à titre gratuit ou onéreux pendant son règne com-
» poseront son domaine privé. »

C'est au texte de cet article que se rattache le principal argument des exécuteurs testamentaires. Nous le repoussons d'une
manière péremptoire par les observations les plus simples.

Puisque dans le système de ces protestations, la donation serait valable, comme ayant été faite avant l'avènement de Louis-
Philippe au trône, il se trouvait irrévocablement dessaisi de la
propriété des biens qui en étaient l'objet, et dès lors ce n'est
pas la propriété de ces biens que la loi entendait lui *conserver.*

En second lieu, la loi de 1833 n'a pas eu à prononcer et n'a
pas en effet prononcé sur la donation du 7 août ; par conséquent,
la faculté de l'annuler comme contraire aux principes de notre
droit public restait entière, puisque ce n'est pas d'après le droit
nouveau, consacré en 1832, mais d'après le droit existant au
mois d'août 1830, que l'on doit apprécier le mérite de cet acte.

Que voit-on, en résumé, dans la combinaison de ces deux lois
successives, qui en réalité ne décident rien ? La pensée de puiser
plus tard dans leurs dispositions ambiguës un moyen d'assurer
le succès de la manœuvre si laborieusement exécutée le 7 août.

Nous ne dirons qu'un mot sur la proposition faite en 1848 à
l'Assemblée constituante, par un député de la gauche, au sujet
de la donation du 7 août, *qui devait être* (disait-il) *considéréet
comme nulle, non avenue et entachée de fraude.*

La maxime *non bis in idem*, consacrée à l'égard des décisions
judiciaires, ne saurait s'appliquer aux actes de l'autorité législative, surtout lorsqu'ils appartiennent au domaine public et
politique.

Des considérations graves peuvent dans certaines circonstances faire repousser une mesure que d'autres considérations
rendent plus tard utile ou même indispensable. Aussi, est-
ce un principe élémentaire que le législateur a toujours le
droit de modifier son œuvre ou celle de ses devanciers, soit
parce que cette œuvre lui paraît vicieuse en elle-même, soit

parce que des faits nouveaux réclament des dispositions nouvelles.

On argumente de quelques actes faits ou consentis par certains ministres et chefs de l'administration publique. Ces actes doivent produire leurs effets relativement aux tiers qui y sont intéressés; mais ils n'ont pu assurément empêcher le chef de l'Etat de rendre une décision qu'il a jugée conforme à la justice et au bon droit.

Qu'il nous soit permis de terminer cette première partie de la discussion par un rapprochement qui n'a été qu'indiqué dans le cours de cet écrit :

Les exécuteurs testamentaires du feu roi Louis-Philippe signalent le décret du 22 janvier comme tranchant une question de propriété, c'est-à-dire comme un acte illégal ou inconstitutionnel, puisque la décision d'une question de ce genre appartient exclusivement aux tribunaux.

Loin de là, le décret ne fait que prescrire l'exécution d'un principe d'ordre public méconnu au préjudice du domaine; c'est une mesure de restitution qu'il ordonne, dans un intérêt sacré dont le chef de l'Etat doit être le défenseur.

En 1814, Louis XVIII, par de simples ordonnances, avait rendu au duc d'Orléans tous les biens dont son père avait joui, *à quelque titre et sous quelque dénomination que ce soit;* de sorte qu'en exécution de ces ordonnances, le prince fut mis en possession de tous les biens formant l'apanage de sa famille, et qui se trouvaient définitivement réunis au domaine de l'Etat, en vertu des lois de 1790 et 1791.

Voici ce que dit à ce sujet M. Dupin dans son *Traité des Apanages,* page 72 :

« Quelques voix malveillantes ont osé élever des doutes sur la légalité de ces ordonnances ; mais les raisons les plus décisives se présentaient en foule pour repousser ces clameurs.

» La première, c'est qu'à l'époque où ces ordonnances furent rendues, la Charte n'avait pas encore été portée. *Le roi tenait de fait dans ses mains tous les pouvoirs réunis.* Son autorité n'était provisoirement limitée par aucune loi. Tous les actes faits par le roi avant la promulgation de la Charte sont donc inattaquables. »

Est-ce que l'élu de la France n'a pas reçu de la volonté natioonale cette plénitude de pouvoirs que le chef de la branche aînée des Bourbons prétendait s'attribuer à lui-même?

Est-ce que son autorité est limitée par une loi quelconque avant la création des grands corps de l'Etat que la constitution a établis?

Il y a toutefois cette différence, que Louis XVIII usait de son autorité souveraine pour dépouiller le domaine de l'Etat de biens qui lui étaient légalement acquis, tandis que le prince président n'a voulu se servir de la sienne que pour faire rentrer au domaine des biens dont un acte frauduleux l'avait privé.

C'en est assez pour réduire au silence ces voix malveillantes qui élèvent des doutes sur la légalité d'un acte aussi juste que moral.

SECONDE PARTIE.

§ I.

Voilà le droit. Voyons la politique.

Le droit justifie les décrets du 22 janvier. Prouvons que la politique les commandait.

Le premier de ces décrets oblige les princes de la maison d'Orléans à vendre tous leurs biens situés en France. Est-ce de cela que vient l'indignation? Alors qu'elle se retourne contre la conduite tenue par Louis-Philippe lui-même.

Pareille mesure n'est pas nouvelle; et si Louis-Philippe en a trouvé l'exemple dans le gouvernement dont il tenait la place, il l'a donné ensuite au gouvernement dont se plaignent ses fils. En effet, Louis XVIII avait imposé, par la loi du 12 janvier 1816, cette obligation rigoureuse à tous les princes de la famille de Napoléon. Mais le duc d'Orléans, devenu roi en 1830, fit plus encore; il fit de la loi de 1832 une arme à deux tranchants, de laquelle il frappait à la fois et ces mêmes princes de la famille impériale et les princes de la branche aînée de sa propre maison, maintenant à l'égard des premiers les dispositions de la loi de 1816, et les étendant aux seconds.

Au reste, comment le roi Louis-Philippe aurait-il consenti à désarmer la loi en faveur de la famille Napoléon, puisqu'il s'en servait contre sa propre famille? Ces princes de la branche aînée auxquels il imposait, par la loi de 1832, la dure obligation de vendre tous leurs biens situés en France, c'étaient les princes qui lui avaient rendus les siens, ou plutôt qui avaient pris ceux du domaine national pour le doter et l'enrichir. Certes, il dut en coûter beaucoup au roi Louis-Philippe de répondre à ces actes d'ancienne largesse par une sorte de sentence de mort civile dont il frappait ses bienfaiteurs. Mais la politique lui commandait de ne pas laisser une famille de prétendants posséder en France des biens qui pouvaient devenir les instruments d'une influence dangereuse au repos public. Son devoir envers la France l'obligeait à être plus roi que parent. Il imposa ce sacrifice à sa reconnaissance personnelle. Il en imposa encore un plus grand à son cœur le jour où, sentant la nécessité d'éteindre l'enthousiasme chevaleresque de l'héroïne de la Vendée, et d'arrêter ainsi une désastreuse guerre civile, il étonna la France et frappa d'abattement tout le parti légitimiste par une révélation inattendue et bien douloureuse pour sa royale nièce. Ce jour-là aussi, Louis-Philippe fut plus roi que parent, car il portait à l'honneur des siens une atteinte autrement cruelle que celle portée à leur fortune.

Louis-Napoléon, Dieu merci! pour mettre le pays qui lui a confié le gouvernement à l'abri des troubles civils et des entreprises de prétendants, n'a pas de si pénibles devoirs à remplir. Que fait-il? il oblige les princes de la maison d'Orléans à vendre dans le délai d'une année tous leurs biens situés en France. Ce qu'il fait, on vient de le voir, Louis XVIII l'a fait contre les princes de la famille de Napoléon; Louis-Philippe l'a fait contre ces mêmes princes, et il l'a fait du même coup contre les aînés de sa race; il l'a fait en immolant à la raison d'État des scrupules et des sentiments de parenté contre lesquels Louis-Napoléon a le bonheur de n'avoir pas à se défendre. Ou il faut dire que les rois des deux branches de la maison de Bourbon se sont rendus coupables de rigueurs inutiles; ou il faut reconnaître que, politiquement, de telles rigueurs sont nécessaires, inévitables. En effet, peut-on raisonnablement permettre à une famille déchue de conserver sur le sol de la France une fortune immobilière qui met à son service une armée d'employés, depuis le garde champêtre jusqu'aux hommes les plus élevés? Ainsi s'est produit le scandale d'avoir vu le président de l'Assemblée nationale, M. Dupin, et un président à la Cour de cassation, M. Laplagne-Barris, figurer parmi les agents salariés de la famille d'Orléans.

Le premier des décrets du 22 janvier trouve donc sa justification politique dans la plus simple des mesures de sécurité publique, dans la loi de 1816 et dans la loi de 1832.

Arrivons au second de ces décrets, à celui qui fait rentrer dans le domaine national les biens privés dont la donation illicite du 7 août a eu pour intention de le frustrer. C'est ce décret qui excite un déchaînement extraordinaire parmi les conseillers et amis de la maison d'Orléans. Chose triste à dire! cette portion de biens qui échappe à la maison d'Orléans semble être plus amèrement, plus violemment regrettée que la couronne tombée du front de Louis-Philippe. La proclamation de déchéance a excité moins de colères et moins de larmes que le décret de restitution. On ferait croire, en vérité, que pour certains cœurs, le domaine privé était plus précieux que l'un des plus beaux trônes de l'univers. S'il en était ainsi, qui n'admirerait encore davantage la profonde prévoyance de cette loi nationale qui veut qu'à l'avènement d'un roi, la fortune de ce roi et celle de la nation soient confondues?

On ne pourrait comprendre ces exagérations de douleur causées par le second décret du 22 janvier, que si les reprises exercées par le domaine sur les biens privés du roi Louis-Philippe avaient pour effet d'ajouter à l'exil de ces princes déchus l'affliction du dénûment. Mais que l'on se rassure. Privés de la portion de bien que le domaine revendique, les princes d'Orléans seront encore parmi les princes les plus riches de l'Europe. De trois dynasties écroulées, aucune n'a sauvé de son naufrage de si opulents débris. Est-ce Charles X et sa famille qui ont emporté plus de cent millions dans leur exil? Est-ce l'empereur Napoléon? Hélas! de tant de grandeurs auxquelles il avait élevé la France, il n'a recueilli pour lui que la plus abominable captivité, et pour les princes de sa famille, que la spoliation qui leur a enlevé jusqu'aux derniers lambeaux de leur fortune.

Les princes d'Orléans se plaignent, on se plaint en leur nom! Eh! grand Dieu! quelles justes plaintes n'aurait pas à élever contre le chef de leur maison la famille de l'empereur! Avec quelle cruauté n'a-t-on pas dépouillé, en 1816, tous les membres de cette famille, non pas de richesses menaçantes pour le pouvoir nouveau et pour l'État, mais des ressources les plus modiques que ce pouvoir eût dû leur laisser, moins encore pour la dignité de leur existence dans l'exil que pour son propre honneur ! Ils en ont été dépouillés à titre de prétendants et sous prétexte de sécurité publique. C'était, dira-t-on, la Restauration. Oui ; mais la monarchie d'Orléans s'est approprié ces actes d'iniquité, en se refusant pendant dix-huit ans à les réparer. La Restauration du moins avait pour excuse les passions du temps. La monarchie d'Orléans a persisté dans sa politique d'ombrageuse défiance et d'exaction, lorsque ces passions étaient éteintes.

Aujourd'hui cependant que les rôles sont changés, que les puissants sont devenus faibles, et le faible devenu puissant, Louis-Napoléon exerce-t-il des représailles de spoliation envers les princes d'une famille capable d'un si long déni de justice envers la sienne ? En aucune façon.

Les princes de la maison d'Orléans sont tenus pour des prétendants ; ils ont une fortune immense telle que tous les gouvernements antérieurs l'eussent considérée comme un danger public. Louis-Napoléon connaît ce danger, mais il respecte le droit des princes qui possèdent ces richesses. Seulement il respecte le droit aussi bien quand il est contre eux que quand il est en leur faveur. Louis-Napoléon se croirait coupable envers lui-même, s'il commettait une injustice pour retrancher quelque chose à des biens légitimement possédés ; mais il se croirait coupable envers la France s'il sacrifiait le droit national, s'il frustait le domaine de la part non moins légitime qui lui revient, s'il fortifiait enfin, entre les mains des princes d'Orléans, par une libéralité illicite et folle, au double préjudice de la France, les moyens dont ils disposent et dont ils se servent déjà pour la troubler.

Voici en un mot la conduite que tient Louis-Napoléon, rapprochée de celle qu'on a tenue envers lui et envers les siens.

A l'égard de la famille de Napoléon on a procédé par voie de confiscation inique.

A l'égard des membres de la famille d'Orléans, Louis-Napoléon procède par voie de légitime restitution.

Et puis c'est contre ce dernier acte qu'on joue l'indignation !

Il était permis de confisquer les biens des Bonaparte; il n'est pas permis d'obliger les d'Orléans à faire une restitution au domaine de l'État ? Qu'est-ce à dire ? La fortune des d'Orléans était-elle donc plus pure ? Veut-on comparer les origines ? Soit !

Napoléon et Louis-Philippe ont tous deux régné sur la France. L'un, après avoir vaincu l'anarchie et l'Europe, s'est vu porter par les acclamations enthousiastes d'un peuple entier sur un trône vacant. L'autre, après avoir louvoyé pendant quinze ans entre le pouvoir et l'opposition, est monté par la grâce d'une émeute, et par le vote d'une chambre mutilée et sans mandat, sur le trône de son parent. On voit assez qui des deux se pouvait prévaloir du titre le plus noble et du droit le plus sacré.

Ils ont régné tous les deux, avec quelle différence d'éclat et de grandeur ! N'en parlons pas ; il s'agit de comparer, non les génies, mais les fortunes.

Tous deux ils sont tombés, et au moment de leur chute, tous deux possédaient de grands biens. D'où ces biens provenaient-ils ?

Napoléon Bonaparte, à l'époque où il n'était encore que général, enrichissait la France, sans songer à s'enrichir lui-même. Au lieu de faire nourrir son armée d'Italie par la République, il subventionnait la République. On sait qu'il envoya plus de 50 millions au Directoire.

Devenu le chef du plus glorieux empire de l'univers, il se composa un domaine privé et un domaine extraordinaire, dont la richesse était prodigieuse ; et lui qui donnait des trônes, donna aussi des dotations aux princes et princesses de sa famille, comme il en avait donné à ses héroïques compagnons d'armes. Qu'en coûtait-il à la France? Il lui en revenait de la gloire, il ne lui en coûtait pas d'argent.

Ces domaines privés de 200 millions, ces domaines extraordinaires de 700 millions, ces apanages et ces dotations de princes, étaient taillés dans la conquête; c'est la vicioire qui répandait ces vastes munificences sur Napoléon lui-même, sur les siens et sur la France.

Telle est la glorieuse origine de l'ancienne fortune des Bonaparte en biens territoriaux ou en biens meubles.

Il n'a pas été dans les destinées de Louis-Philippe de puiser à cette source, ouverte seulement aux grands hommes. Revenu en France en 1814, à la suite de nos malheurs, il n'y rapportait que des dettes. Louis XVIII lui refit son patrimoine, mais où le prit-il ? Dans le domaine de la nation. C'est la France qui fit les frais de cette restauration immobilière des d'Orléans.

Un peu plus tard il reçoit, à titre d'émigré, une indemnité de 17 millions : c'est encore la France qui paie.

La sœur du roi, madame Adélaïde, participa à ces restitutions fondées sur le vieux droit monarchique et toujours aux dépens de la France, et elle put léguer à ses neveux une fortune de près de cent millions.

Une riche et triste aubaine vint encore augmenter l'avoir des d'Orléans : ce fut quand, à la mort du prince de Condé et par l'entremise officieuse de madame de Feuchères, un des princes de cette maison recueillit un héritage de près de cinquante millions.

De là proviennent ces grands biens des d'Orléans. Nous n'attaquons rien ; nous nous demandons seulement si, comparaison faite des origines, l'ancienne fortune des Bonaparte n'avait pas droit à autant de respect que celle des d'Orléans.

§ II.

Pénétrons plus avant dans la question, et l'on verra que la fortune de la famille impériale a été odieusement confisquée, et que la fortune des d'Orléans est soigneusement respectée par l'une des victimes de ces confiscations.

Avec 1814, les revers étaient venus. Par le traité de Fontainebleau, l'empereur abdiquait ; il laissait, avec la couronne, 50 millions de joyaux dont il l'avait enrichie de ses propres deniers, 200 millions du domaine privé, 700 millions du domaine extraordinaire, et ces immenses acquisitions dont il avait orné à ses frais les palais impériaux et les musées.

En retour, ce traité stipulait que les arrérages échus de sa liste civile, se montant à un peu plus de 6 millions, lui seraient payés ; qu'on inscrirait sur le grand-livre une rente de 2 millions et demi pour être répartie entre les membres de sa famille, et une autre rente de 2 millions pour soutenir le rang de l'empereur exilé à l'île d'Elbe ; que 200 millions pris sur le domaine seraient affectés à ceux de nos départements qui avaient le plus souffert de la guerre, et 2 millions distribués à ceux de ses vieux compagnons d'armes que Napoléon désignait.

L'empereur part ; il exécute fidèlement ce traité de Fontainebleau ; on le viole contre lui dans toutes ses clauses. Ce n'est plus qu'une honteuse banqueroute ; rien n'est payé, ni les 200 millions aux départements ravagés, ni les 2 millions assignés aux braves, ni les 6 millions pour arrérages dus à la liste civile, ni la rente de 2 millions aux princes de la famille de Napoléon, ni la rente de 2 millions au roi de l'île d'Elbe.

Que fit Napoléon remis en possession de sa puissance ? Il se borna, pour lui-même et pour les siens, à faire liquider les créances stipulées par le traité et auxquelles on n'avait pas fait honneur. Elles se montaient à 12,600,000 francs. L'empereur pouvait immédiatement les faire toucher au Trésor ; mais les temps étaient malheureux, la France obérée ; non-seulement Napoléon ne fit pas payer comptant ses frères et sœurs, mais il leur demanda de vendre, pour la défense de la patrie, tous les joyaux qu'ils possédaient : ils les vendirent, et le produit en fut versé au Trésor. En échange de ce noble sacrifice, Napoléon leur abandonna la part qui lui revenait sur les 12 millions ; il leur remit des bons payables sur des bois de l'État dont l'aliénation avait été précédemment autorisée.

N'était-ce pas là une créance légitime à double titre ? Elle représentait à la fois et les obligations contractées envers Napoléon et sa famille par le traité de Fontainebleau, et le sacrifice noblement consenti pour la défense du sol national contre l'étranger. Eh bien ! cette créance sacrée, après la seconde chute de Napoléon, fut méconnue ; les valeurs qui en constituaient le paiement furent frappées d'annulation, et la confiscation descendit ainsi à tout. On annula les rentes inscrites au profit de Napoléon sur le grand-livre de la dette publique, qu'elles représentassent soit des dotations instituées par Napoléon, comme c'était son droit de souverain, à titre gratuit, soit des dotations acquises à titres onéreux. Ce ne fut pas tout, on fit de la confiscation rétroactive : on refusa de payer des arrérages échus à une époque antérieure à l'ordonnance qui confisquait. On fit main basse sur les sommes les plus minimes, comme sur les plus considérables, et cela au préjudice de femmes et de mineurs.

Voilà comment a été traitée la fortune de la famille de Napoléon. Et plus de quinze ans après ces violences exercées, il est vrai, sous l'inspiration de la terreur et de la colère, la monarchie d'Orléans consacrait froidement ces indignes confiscations. Tant d'iniquité devait ouvrir des recours à la famille dépouillée. La monarchie d'Orléans a persisté à les fermer tous. Vainement un ministre de Charles X avait-il reconnu la légitimité incontestable de certaines créances ; vainement les jurisconsultes les plus savants et les plus estimés avaient-ils donné les consultations les plus favorables ; tous les déclinatoires ont été employés ; le déni de justice opposé par Louis-Philippe aux Bonaparte a été invincible pendant tout son règne.

Est-ce assez d'injustice et d'inhumanité envers la famille de Napoléon ? Cependant les fils du spoliateur remplissent la France et l'Europe des éclats de leur protestation contre l'abominable décret du 22 janvier. En conscience, examinez donc si Louis-Napoléon, investi d'un si grand pouvoir par la France, traite le patrimoine des d'Orléans comme les d'Orléans sur le trône ont traité le patrimoine des Bonaparte. Vous leur avez retiré une médiocrité honorable dans l'exil, il vous laisse l'opulence.

Ces grands biens que vous avez recouvrés après les avoir perdus, d'où provenaient-ils ? Ils provenaient tous de dotations constituées au profit de vos aïeux, par des rois qui *exercèrent* leur munificence au même titre et de par le même droit régalien en vertu duquel agissait l'empereur Napoléon, quand il constituait des dotations pour les princes de sa famille. Ces dotations en rentes ou autrement, vous les avez confisquées. On vous laisse les vôtres, on les respecte.

La grande fortune que vous tenez de Mme Adélaïde, la sœur de votre père, avait cette origine. Vous la conservez : on vous la laisse.

Le douaire de Mme la duchessse d'Orléans est-il un droit plus sacré que les rentes inscrites sur le grand-livre par Napoléon au profit de femmes et de mineurs ? Vous n'avez pas respecté ces rentes ; Louis-Napoléon respecte le douaire.

Ces domaines des Condé dont un des vôtres est devenu possesseur étaient une épave donnée à cette maison et prise sur les débris du connétable de Bourbon. Un pouvoir malintentionné à votre égard eût pu rechercher si l'ancienne donation ne finissait pas avec la race. Ces domaines vous sont échus par testament, grâce à l'intervention de Mme de Feuchères. Eh bien! Louis-Napoléon les respecte entre vos mains, ou du moins il vous les laisse.

Et après cela que fait donc ce décret si violemment incriminé ? Il fait rentrer dans le domaine national ce que la donation ténébreuse et illicite du 7 août en a distrait. Mais il n'y a là que l'application la plus stricte du droit monarchique; et c'est le droit monarchique qui vous a fait riches. Les dotations de vos pères procédaient du droit monarchique. Louis XVIII vous les a rendus en vertu du droit monarchique. Si le droit monarchique ne vous les avait pas rendus, vous ne les auriez pas possédés, et si le roi qui a exercé ce droit monarchique à votre profit eût pu prévoir que vous occuperiez le trône de son héritier légitime, il ne vous les aurait pas rendus. Vous deviez donc, quand vous êtes entrés en possession du domaine de la couronne, joindre, selon le droit monarchique, votre domaine privé à celui de la couronne. Car vous ne pouvez pas reconnaître et invoquer le droit monarchique quand il faut recevoir, prendre ou garder, et répudier le droit monarchique quand il faut rendre. Cela n'est pas possible. Vos protestations indignées sont de l'iniquité et de la folie, et le décret n'est que de la justice. Ce décret, en effet, veut dire ceci : Rendons aux d'Orléans ce qui appartient aux d'Orléans; mais vous, princes d'Orléans, rendez à l'État ce qui appartient à l'État.

Nous soutenons encore une fois que c'est là de la justice devant Dieu et devant les hommes.

Que les princes d'Orléans cessent donc de se plaindre, et se résignent. Qu'ils se résignent, en restituant à qui de droit le domaine privé, à figurer encore parmi les plus riches princes de l'Europe! Louis-Napoléon, par ce même décret, ne leur donne-t-il pas un noble exemple, quand il abandonne spontanément les justes revendications que sa famille avait à exercer contre l'État? Il n'a jamais renoncé à ces droits, alors qu'impuissant et exilé il les soutenait contre des pouvoirs injustes ; il y renonce, quand il tient entre ses mains la puissance de les faire prévaloir.

Que les princes d'Orléans cessent donc de se plaindre et se résignent. Qu'ils se résignent à demeurer, malgré les justes reprises exercées sur eux par le Trésor, au nombre des princes les plus opulents de notre époque ; qu'ils déchirent cet étrange, et il faut le dire, ce ridicule et honteux mémoire de frais présenté à la France par Louis-Philippe pour dégâts commis en 1848 dans les terres de son ancien domaine privé et sur le mobilier de ses châteaux. Car les choses ont été poussées jusqueslà. Et tandis que l'empereur Napoléon et le roi Charles X, au jour de leur déchéance, s'étaient retirés avec un noble et digne silence, abandonnant, sans rien réclamer, toutes les richesses accumulées de leurs deniers dans les palais, Louis-Philippe, dressant un état de pertes où figuraient jusqu'aux moindres meubles, n'a pas craint de demander à la nation une modeste indemnité de 4 millions pour dommages causés par une révolution dont il est cause, dans des terres et des palais dont lui et les siens ont cessé d'être propriétaires.

Les princes d'Orléans finiront par imiter la majestueuse abnégation des deux souverains qui ont précédé leur père sur le trône de France. Voilà l'exemple à suivre ; ou, s'ils en veulent un autre, ils le trouveront dans le décret même qui les indigne. Car Louis-Napoléon, par ce décret, abandonne en son nom et en celui de sa famille, toutes les répétitions que les Bonaparte avaient à exercer contre le Trésor. En sorte que s'il y a quelqu'un de frustré par ce décret, c'est celui qui en est l'auteur. Le décret fait plus contre les princes de la famille de Napoléon que contre les princes de la maison d'Orléans, puisqu'il dispense l'État de rendre aux premiers ce qui leur appartient, et qu'il force tout simplement les seconds de rendre à l'État ce qui est, non pas à eux, mais à l'État.

Ou nous nous trompons fort, ou par l'exposé et les raisons, par les rapprochements et les contrastes qui précèdent, la politique du décret est pleinement justifiée. On a bien compris que les banqueroutes de 1814 à 1815, les confiscations, les spoliations de 1816, exercées contre la famille de l'empereur, et maintenues pendant trente-trois ans avec tant de persévérence, n'étaient pas le fait de la haine et de la cruauté. Seulement, la politique des maisons régnantes n'a jamais cru que dans l'intérêt du repos public la famille de Napoléon pût être assez ruinée. Cette politique leur a tout pris. La politique du décret se borne à distinguer entre les biens qui sont aux princes d'Orléans, et ceux qui sont à la nation ; elle leur laisse loyalement tous les leurs, si grands que soient ces biens et à quelque dangereux usage qu'ils puissent servir, mais elle n'a pas la sottise de permettre qu'ils puissent ajouter à leurs biens propres ceux de la nation pour mieux conspirer contre elle.

Sérieusement, peut-on trouver que cette politique-là ait trop de dureté ?

Et maintenant, de tant d'accusations contre le second décret du 22 janvier, que reste-t-il ? Il en reste une. Il y a des personnes très-sincères et très-honnêtes qui disent : Oui, le décret du 22 janvier avait le droit de faire rentrer dans le domaine ce que la donation du 7 août en avait indûment distrait. Le décret fait cela, et il a raison. Mais le décret n'avait pas le droit de disposer de ces biens réintégrés dans le domaine. Il en a disposé, et il a tort.

Louis-Napoléon établit dans les considérants de son décret les principes les plus conservateurs et les plus sévères en matière de propriété domaniale, et en même temps qu'il établit ces principes, il les viole, car il distrait de la propriété domaniale la partie qu'il vient d'y réunir, et il ne lui est pas plus permis de disposer de cette portion du domaine que de toute autre.

Cette objection, qui paraît grave, repose sur l'erreur la plus profonde. Il n'est pas plus permis au Président de la République, vient-on nous dire, de disposer de cette partie réintégrée dans le domaine que de toute autre; nous répondons qu'il lui était permis de disposer de toute autre partie du domaine comme de celle-là, et de celle-là comme de toute autre. Le devoir d'un gouvernement est de faire restituer au domaine ce qui lui appartient, c'est incontestable; mais le devoir d'un gouvernement est aussi d'aliéner des portions de domaine, quand cela est nécessaire ou seulement utile. Est-ce que, par hasard, le domaine est inaliénable? Est-ce qu'il ne figure pas au nombre des ressources disponibles? Est-ce que tous les gouvernements antérieurs n'ont pas eu recours à cette ressource? Est-ce que les lois, dans tous les temps, n'ont pas autorisé les ventes de forêts pour en appliquer le produit à des besoins ou à des services publics?

Voilà des choses qu'on ne peut nier. Objectera-t-on que ces choses ne se sont faites que par l'intervention du pouvoir législatif? Le fait est constant, mais on oublie que le pouvoir législatif est aujourd'hui entre les mains du Prince-Président. Il est à la veille de le rendre, ce pouvoir, mais il le possède; il le possède transitoirement au nom de la plus imposante délégation qui fut jamais donnée à un homme ou à une assemblée. Ces décrets sont rendus par lui au même titre que les anciennes lois votées par les anciennes chambres. Quand Louis-Napoléon restituait par le décret du 22 janvier les biens compris dans la donation du 7 août au domaine de l'Etat, il faisait son devoir. Quand il disposait de cette portion réintégrée dans le domaine, il usait de son droit.

Ainsi disparaît la question de ce droit, elle est résolue. Reste une question d'emploi. Louis-Napoléon affecte une ressource semblable à doter des caisses de crédit foncier, des caisses de secours mutuels, et la Légion-d'Honneur. Trouve-t-on que cet emploi manque de justice et de grandeur? Il y a des gens qui disent que c'est faire du socialisme. Dangereux et funeste langage que de donner le nom de socialisme à une politique qui a des entrailles pour les hommes de travail et pour les braves soldats de notre armée! L'affectation de cette ressource nationale à cette destination nationale, l'osera-t-on comparer, par exemple, à l'emploi que le gouvernement de Louis XVIII faisait des biens confisqués sur l'empereur Napoléon et sa famille? Il fondait sur ces biens la dotation aux Vendéens.

Voici au reste l'extrait de l'ordonnance du 22 mars 1816 :

« Considérant que les dispositions de la loi du 12 janvier dernier, qui privent les *individus de la famille de Bonaparte* de tous les biens à eux concédés à titre gratuit, nous permettent de suivre les mouvements de notre cœur, etc.;

» Que, par suite des événements du 20 mars, un certain nombre *de nos fidèles sujets des armées royales de l'Ouest et du Midi* ont reçu des blessures qui les ont mis hors d'état de continuer leur service, et voulant leur accorder les secours dont ils ont besoin, *sans que notre Trésor royal en soit grevé*, etc. ;

» Nous avons ordonné, etc.

Article 1er.

» Les biens et revenus provenant de la famille Bonaparte, qui ont fait retour, par l'effet de la loi du 12 janvier dernier, sont spécialement affectés aux secours à distribuer aux militaires amputés, etc.

Art. 3.

» Les militaires de nos armées royales de l'Ouest et du Midi, amputés ou mis hors de service par suite des événements du mois de mars 1815, *participeront à ces secours...* »

Qu'on ose, après cela, comparer le décret du 22 janvier à cette ordonnance ! L'ordonnance confisquait des biens privés; le décret emploie une portion du domaine national. Le décret dote ceux qui donnent leurs sueurs et leur sang à la France; l'ordonnance du 22 mai 1816 dotait ceux qui avaient combattu contre la France.

Ainsi, de quelque côté qu'on envisage le décret du 22 janvier, on trouve un précédent qui le justifie et qui confond ses détracteurs.

PARIS. — IMPRIMERIE CENTRALE DE NAPOLÉON CHAIX ET Cie, RUE BERGÈRE, 20.